Answers: P.1 — P.8

Section One

Ordering Numbers and Place Value P.1

Q1 a) 5, 13, 18, 23, 54, 67, 89, 117, 374, 716
b) 46, 73, 231, 233, 376, 494, 817, 1101, 1272, 2319

Q2 a) tens
b) tens
c) hundreds
d) units
e) thousands
f) tens
g) thousands
h) tens of thousands
i) hundreds of thousands
j) hundreds of thousands
k) millions
l) hundreds

Q3 a) 2.34, 2.43, 3.24, 3.42, 4.23, 4.32
b) 6.64, 6.642, 6.7, 6.704, 6.741
c) 102.8, 108.2, 1002.8, 1008.2, 1020.8

Multiplying by 10, 100, etc. P.2

Q1 a) 10 **b)** 10
c) 100 **d)** 100
e) 1000 **f)** 1000

Q2 250
Q3 9300
Q4 a) 80 **b)** 3400 **c)** 5200
d) 9000 **e)** 436000 **f)** 2
g) 69 **h)** 473
Q5 160
Q6 £29.90
Q7 £245
Q8 £430
Q9 a) 600 **b)** 28000 **c)** 5000
d) 1260000 **e)** 9000000

Dividing by 10, 100, etc. P.3

Q1 a) 3
b) 4.3
c) 0.58
d) 6.32
e) 0.05
f) 4
g) 4.23
h) 2.286
i) 0.615
j) 0.0296
k) 6
l) 6.334
m) 0.7536
n) 0.00815
o) 4
p) 43
q) 8
r) 12
s) 4.3
t) 2.13

Q2 £6.20
Q3 1.58 m
Q4 2.1 g
Q5 1.6

Adding P.4

Q1 a) 95
b) 123
c) 724

Q2 a) 14
b) 41
c) 106
d) 294
e) 701
f) 2729

Q3 a) Row 1 = 15
Row 2 = 18
Row 3 = 15
Column 1 = 14
Column 2 = 14
Column 3 = 20
Total = 48
b) Row 1 = 18
Row 2 = 17
Row 3 = 14
Column 1 = 17
Column 2 = 12
Column 3 = 20
Total = 49
c) Row 1 = 10
Row 2 = 19
Row 3 = 11
Column 1 = 11
Column 2 = 18
Column 3 = 11
Total = 40

Q4 a) 1283 + 894 + 745 = 2922
b) 29 + 42 + 54 = 125

Subtracting P.5

Q1 a) 23
b) 22
c) 65
d) 17
e) 38
f) 53

Q2 a) 452
b) 216
c) 327
d) 536
e) 583
f) 333
g) 537
h) 452

Q3 3
Q4 From top to bottom:
a) 1, 3
b) 9, 1, 5
c) 1, 6, 3
d) 4, 7, 8

Adding Decimals P.6

Q1 a) 5.6
b) 8.1
c) 12.1
d) 13.41
e) 14.01
f) 40.81
g) 99.00

Q2 a) 10.9
b) 35.2
c) 6.5
d) 16.01
e) 9.9
f) 11.46
g) 10.85
h) 12.75
i) 18.78
j) 53.93

Q3 a) 23.8 + 40.6 = 64.4
b) 31.9 + 65.7 = 97.6

Subtracting Decimals P.7

Q1 a) 6.7
b) 5.0
c) 4.7
d) 4.7
e) 5.4
f) 0.9
g) 9.95
h) 3.69

Q2 a) 6.9
b) 12.4
c) 7.8
d) 5.4
e) 37.7
f) 32.68

Q3 £5.00 − £3.24 = £1.76
Q4 1.18 m − 0.48 m = 0.7 m

Multiplying P.8

Q1 a) 46
b) 120
c) 212
d) 65
e) 100
f) 126
g) 36
h) 162
i) 375
j) 372
k) 1232
l) 2475

SECTION ONE — NUMBERS

Answers: P.9 — P.17

m) 1730
n) 1716
o) 1764
p) 10738
q) 18849
r) 44891

Q2 £3.24

Q3 8760

Dividing P.9

Q1 a) 23
b) 43
c) 32
d) 19
e) 17
f) 16
g) 13

Q2 a) 278
b) 129
c) 117
d) 225
e) 125
f) 83

Q3 Each gets £124

Q4 118 calories in each slice

Multiplying Decimals P.10

Q1 a) 12.8
b) 41.5
c) 19.2
d) 6.3
e) 52.6
f) 7.44

Q2 Missing answers reading down:
474.5, 949, 1898, 4745

Q3 a) 53 m
b) 159 m
c) 795 m
d) 74 m
e) 222 m
f) 1110 m
g) 4770 (Jason)
6660 (Carl)

Dividing Decimals P.11

Q1 a) 4.2
b) 2.5
c) 1.7
d) 3.8
e) 1.24
f) 0.575
g) 0.18

Q2 a) 0.2575
b) 0.0675
c) 0.0375
d) 0.95
e) 0.92
f) 0.118

Q3 £1.17

Q4 1.39 m

Special Number Sequences P.12

Q1 a) even numbers; 10, 12, 14
b) odd numbers; 9, 11, 13
c) square numbers; 25, 36, 49
d) cube numbers; 125, 216, 343
e) triangle numbers; 15, 21, 28

Q2 a) 37, 41, 43, 47
b) 32, 64, 128, 256
c) 49, 81, 121, 169
d) 1000, 10 000, 100 000, 1 000 000
e) 15, 21, 28, 36

Multiples P.13

Q1 a) 4, 8, 12, 16, 20
b) 7, 14, 21, 28, 35
c) 12, 24, 36, 48, 60
d) 18, 36, 54, 72, 90

Q2 a) 12
b) 35
c) 42
d) 180
Other answers are possible here — ask your teacher.

Q3 a) 24
b) 48
c) 72
Other answers are possible.

Q4 a) 14, 20, 22, 50, 70
b) 20, 35, 50, 55, 70
c) 14, 35, 70, 77
d) 22, 55, 77, 99

Factors P.14-P.15

Q1 a) 1 × 18, 2 × 9, Species 18
b) 3 × 10, 5 × 6, 2 × 15, Species 30
c) 4 × 4, 1 × 16, Species 16

Q2 a) 1, 2, 3, 6, 9, 18
b) 1, 2, 11, 22
c) 1, 5, 7, 35
d) 1, 7
e) 1, 2, 4, 8, 16
f) 1, 7, 49
g) 1, 2, 3, 4, 6, 8, 12, 16, 24, 48
h) 1, 31
i) 1, 2, 5, 10, 25, 50
j) 1, 2, 31, 62
k) 1, 3, 9, 27, 81
l) 1, 2, 4, 5, 10, 20, 25, 50, 100

Q3 a) 3
b) 2

Q4 1, 2, 3, 4, 5, 6, 8, 9, 10 should all be circled.

Q5

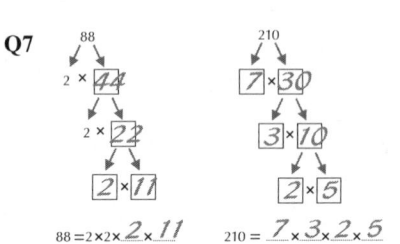

Number	Factors	Sum of Factors
2	1	1
4	1, 2	3
(6)	1, 2, 3	6
8	1, 2, 4	7
10	1, 2, 5	8

Q6 a) 6
b) 36

Q7
88 = 2 × 2 × 2 × 11
210 = 7 × 3 × 2 × 5

(factor trees: 88 → 2 × 44 → 2 × 22 → 2 × 11; 210 → 7 × 30 → 3 × 10 → 2 × 5)

LCM and HCF P.16

Q1 a) 6, 12, 18, 24, 30, 36, 42, 48, 54, 60
b) 5, 10, 15, 20, 25, 30, 35, 40, 45, 50
c) 30

Q2 a) 1
b) 2
c) 5
d) 3
e) 7
f) 11

Q3 a) 15
b) 24
c) 30
d) 90
e) 42
f) 132

Q4 a) 7th June
b) 16th June
c) Sunday (1st July)
d) Lars

Prime Numbers P.17

Q1 2, 3, 5, 7, 11, 13, 17, 19, 23, 29

Q2 27 is divisible by 3

Q3 a) 2
b) eg 23 or 37
c) 13 or 17
d) 13 and 7 or 17 and 3
e) eg 1 or 21

Q4 41, 43, 47

Q5 [Number grid 1–100 with primes circled: 2, 3, 5, 7, 11, 13, 17, 19, 23, 29, 31, 37, 41, 43, 47, 53, 59, 61, 67, 71, 73, 79, 83, 89, 97]

Answers: P.18 — P.26

Q6 Judo and kendo as 29 and 23 are prime.
Q7 eg 2 + 3 + 5 = 10, 5 + 11 + 13 = 29, 11 + 13 + 17 = 41

Ratio P.18-P.20

Q1 a) Circles to Triangles, 4:32 or 1:8
Triangles to Circles, 32:4 or 8:1
b) Small stars to big stars, 16:4 or 4:1
Big stars to small stars, 4:16 or 1:4
Q2 Red tins to white tins, 2:3.
Q3 b) 5:7
c) 1:3
d) 8:5
e) 2:3
f) 7:40
g) 21:68
Q4 a) 10 litres
b) 20 litres
c) 35 litres
Q5 a) 45 ml
b) 135 ml
c) 189 ml
Q6 a) 5500
b) 23265
c) 8000
d) 2480
Q7 a) 1, 4, 5   100 g, 5, 20 g
1, 20 g, 20 g 4, 20 g, 80 g
20 g, 80 g
b) 200 m, 300 m
c) £4000, £8000
d) 2.7 kg, 3.6 kg
e) £3.60, £4.50
Q8 a) £4000
b) Paul, 16
c) 3 km, 4.5 km, 7.5 km

Best Buys P.21

Q1 a) 1.5625
b) 2.5
c) the larger bar
Q2 a) 3.81
b) 3.86
c) the smaller tin
Q3 the larger box

Fractions P.22-P.23

Q1 a) 1/4
b) 3/8
c) 4/10 or 2/5
d) 2/10 or 1/5
e) 5/18
f) 2/8 or 1/4
g) 2/6 or 1/3

Q2 a) E.g.
b) E.g.
c) E.g.
Q3 12 left
Q4 E.g.
Q5 a) 4/16
b) 9/12
c) 2/6
d) 8/12
e) 6/21
f) 1/3
g) 1/2
h) 3/4
i) 5/30
Q6 a) 1/2 = 2/4 = 3/6 = 4/8 = 5/10 = 25/50 = 35/70 = 50/100
b) 200/300 = 100/150 = 10/15 = 40/60 = 120/180 = 6/9 = 2/3
c) 7/10 = 14/20 = 21/30 = 210/300 = 49/70 = 14/20
d) 19/20 = 76/80 = 38/40 = 57/60 = 95/100 = 950/1000
e) 500/600 = 250/300 = 50/60 = 125/150 = 1000/1200
Q7 a) same
b) 3/7
c) same
d) 1/3

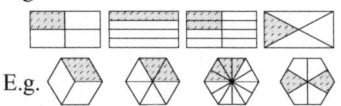

Fractions of Quantities P.24

Q1 a) 6
b) 6
c) 10
d) 11
e) 45
f) 4
Q2 a) 32 ÷ 8 = 4
b) 50 ÷ 10 = 5
c) 144 ÷ 12 = 12
d) 75 ÷ 25 = 3
e) 180 ÷ 30 = 6
f) 540 ÷ 27 = 20
Q3 a) 60 ÷ 3 = 20, 2 × 20 = 40
b) 25 ÷ 5 = 5, 4 × 5 = 20
c) 63 ÷ 9 = 7, 7 × 7 = 49
d) 100 ÷ 10 = 10, 3 × 10 = 30
e) 760 ÷ 19 = 40, 12 × 40 = 480

f) 1.80 ÷ 9 = 0.2, 6 × 0.2 = £1.20 or 120p
g) 9 ÷ 18 = 0.5, 10 × 0.5 = £5
h) 24 ÷ 3 = 8, 2 × 8 = 16 hours
i) 12 ÷ 6 = 2, 5 × 2 = 10 months
j) 1000 ÷ 5 = 200, 2 × 200 = 400 g

Fraction Arithmetic P.25

Q1 a) $1\frac{1}{2}$
b) $1\frac{3}{4}$
c) $2\frac{2}{3}$
d) $\frac{5}{2}$
e) $\frac{10}{3}$
f) $\frac{8}{5}$
Q2 a) 1
b) $\frac{3}{10}$
c) $1\frac{7}{15}$
d) $1\frac{1}{2}$
e) 8
f) $7\frac{2}{9}$
Q3 a) $\frac{2}{3}$
b) $\frac{1}{6}$
c) $\frac{25}{48}$
d) $3\frac{3}{5}$
e) 12
f) $2\frac{2}{3}$
Q4 a) $1\frac{1}{4}$
b) $\frac{5}{6}$
c) $1\frac{1}{12}$
d) $4\frac{1}{15}$
e) $4\frac{1}{2}$
f) $1\frac{7}{10}$
Q5 a) $2\frac{1}{12}$
b) $9\frac{3}{5}$
c) $\frac{11}{20}$
d) $3\frac{8}{9}$
e) $2\frac{5}{6}$
f) $7\frac{7}{8}$

More Fraction Problems P.26

Q1 a) 1/12
b) 1/4
c) 2/3
Q2 a) 3/4 of the programme
b) 5/8 of the programme
c) 1/8 of the programme
Q3 a) 9/15 = 3/5
b) 18/45 = 2/5
Q4 a) 840 female students
b) 360 female part-time students
Q5 £15
Q6 Fred gets £400, Greg gets £400 and Hilary gets £1600.

SECTION ONE — NUMBERS

Answers: P.27 — P.30

Q7 Ali gets £800, Brenda gets £200 and Chay gets £700.

Fractions, Decimals, % P.27

Q1 a) 0.5
b) 0.75
c) 0.7
d) 0.95
e) 0.01
f) 0.375
g) 0.002
h) 0.333...

Q2 a) 25%
b) 30%
c) 80%
d) 48%
e) 8%
f) 5%
g) 87.5%
h) 36.7%

Q3 a) 62%
b) 74%
c) 40%
d) 90%
e) 7%
f) 2%
g) 12.5%
h) 98.7%

Q4 a) 0.25
b) 0.49
c) 0.03
d) 0.3

Q5 a) 3/4
b) 3/5
c) 3/20
d) 53/100

Q6 a) 1/2
b) 4/5
c) 19/100
d) 1/4
e) 16/25
f) 3/50
g) 1/8
h) 3/40

Percentages P.28-P.30

Q1 a) £6
b) £5
c) £5
d) £2.50
e) £15
f) £60
g) 9 cm
h) 0.439 kg
i) £1.28
j) 629 kg
k) 16 mins
l) 44%
m) 420
n) 45
o) 60

Q2

Article	Basic price	VAT at 17.5%	Price + VAT
Tin of paint	£6.75	£1.18	£7.93
Paint brush	£3.60	£0.63	£4.23
Sand paper	£1.55	£0.27	£1.82

Q3 £1045.75

Q4 a) £61.20
b) £68.40

Q5 Taxable Pay = £15,500
a) £3875
b) £6200

Q6 a) £4136
b) £3640 (to the nearest pound)

Q7 a) £49.90
b) £52
c) £132

Q8 Total = £208 + VAT = £244.40

Q9 a) 50%
b) 25%
c) 80%
d) 25%
e) 8%
f) 38%

Q10 a) Saved £10 of £45 = 22%
b) Saved £2 of £14.99 = 13%
c) Saved £4.75 of £27.50 = 17%
d) Saved £260 of £695 = 37%
e) Saved £33 of £132 = 25%

Q11 a) 40%
b) 5%
c) 9%
d) 33%

SECTION ONE — NUMBERS

Answers: P.31 — P.42

Section Two
Regular Polygons P.31-P.32

Q1 A regular polygon is a many sided shape where all the side lengths and angles are the same.

Q2 Interior and exterior angles

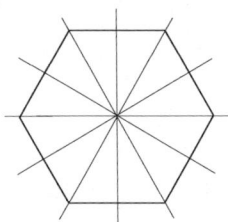

Q3 order of rotational symmetry = 6.

Q4

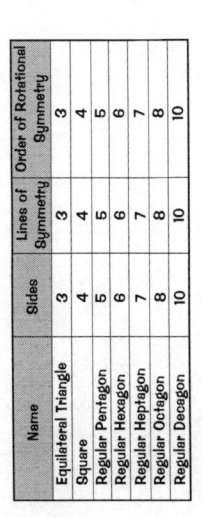

Name	Sides	Lines of Symmetry	Order of Rotational Symmetry
Equilateral Triangle	3	3	3
Square	4	4	4
Regular Pentagon	5	5	5
Regular Hexagon	6	6	6
Regular Heptagon	7	7	7
Regular Octagon	8	8	8
Regular Decagon	10	10	10

Q5
a) 1080°
b) 135°
c) 360°
d) 72°
e) 108°

Q6
a) 60° and 60°
b) equilateral

Symmetry P.33-P.34

Q1

Q2 A B C D E F G H I J K L M N O P Q R S T U V W X Y Z (with symmetry lines marked)

Q3
a) 4
b) 2
c) 3
d) 2

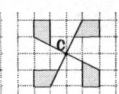

Q4 (shapes with c marked)

Q5 A and C are planes of symmetry

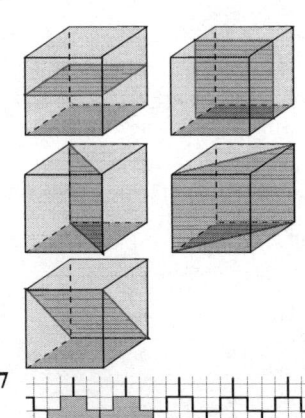

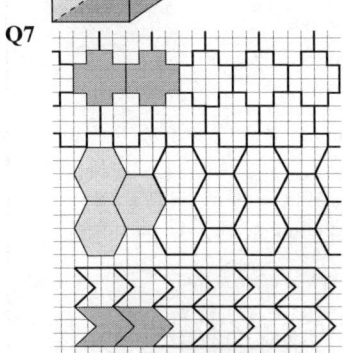

Q6 (cube diagrams)

Q7 (tessellation patterns)

Quadrilaterals P.35

Missing words (reading down): Rectangle, parallelogram, parallel, two, equal

Missing drawings: (rectangle, kite)

Families of Triangle P.36

Q1
a) 2, 2
b) equilateral
c) no, no
d) right-angled

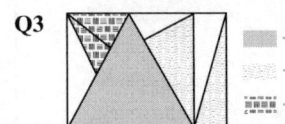

Q2 E.g. (triangle examples)

Q3 (triangle diagram with key: equilateral, right angled, scalene)

Q4 12, scalene

Vertices, Faces and Edges P.37

Q1
a) Cylinder
b) Cone
c) Sphere

Q2
Cube, 6, 12, 8
Cuboid, 6, 12, 8
Triangular Prism, 5, 9, 6
Square-based Pyramid, 5, 8, 5

Perimeters P.38-P.39

Q1
a) 20
b) 14, 6, 40
c) 15, 45
d) 17 + 23 + 20 = 60
e) 8 + 12 + 6 + 6 + 12 = 44
f) 8.5 + 5 + 1.5 + 5 = 20

Q2
a) 40
b) 60

Q3
a) 26 cm
b) 64 cm
c) 76 cm
d) 72 cm
e) 68 cm
f) 68 cm

Areas of Rectangles P.40

Q1
a) 10, 4, 40
b) 1045
c) 84
d) 4340
e) 5.55

Q2
a) 3.2, 6.3, 20.16
b) 2.1, 5.4, 11.34

Areas of Triangles P.41

Q1
a) 12, 9, 54
b) 7.5
c) 87.5
d) 5.12
e) 122500

Q2
a) 3.5, 4.8, 8.4
b) 3.8, 4.3, 8.17

Composite Areas P.42

Q1 Shape A: length = 15 cm, width = 10 cm.
Area = 15 × 10 = 150 cm²
Shape B: length = 5 cm, width = 4 cm
Area = 5 × 4 = 20 cm²
Total = 150 + 20 = 170 cm²

Q2 Shape A: 20 × 12 = 240 cm²
Shape B: base = 12 cm, height = 5 cm
Area = ½(12 × 5) = 30 cm²
Total Area = 240 + 30 = 270 cm²

Q3 Shape A: 23 × 17 = 391 cm²
Shape B: ½(23 × 4) = 46 cm²
Total Area = 391 + 46 = 437 cm²

SECTION TWO — SHAPES AND AREA

Answers: P.43 — P.50

Q4 Shape A: 8 × 6 = 48 cm²
Shape B: ½(14 × 6) = 42 cm²
Total Area = 48 + 42 = 90 cm²

Q5 Shape A: 12 × 4 = 48 cm²
Shape B: 12 × 12 = 144 cm²
Total Area = (4 × Shape A)
+ Shape B = 336 cm²

More Areas P.43

Q1 Base length = 4773 ÷ 43 = 111 mm.

Q2 a) Area of each isosceles triangle =
½ × 2.3 × 3.2 = 3.68 m²
b) Area of each side =
3.4 × 4 = 13.6 m²
c) Groundsheet = 2.3 × 4 = 9.2 m²
d) Total material = 2 × 3.68 + 9.2 +
2 × 13.6 = 43.8 m²

Q3 a) 48 ÷ 5 = 9.6 m length.
b) Area of 1 roll = 11 m × 0.5 m =
5.5 m².
48 m² ÷ 5.5 m² = 8.73 rolls, so 9
rolls should be ordered.

Circles P.44-P.45

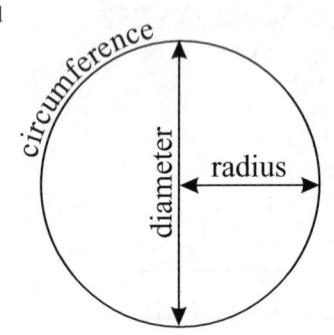

Q1
(diagram of circle showing circumference, diameter, radius)

Q2 a) 6.28 cm
b) 10.99 cm
c) Radius = 5cm,
circumference = 15.70 cm
d) 21.98 cm

Q3 5.34 cm

Q4 28.27 cm

Q5 62.1 cm

Q6 a) 4π cm²
b) 81π cm²
c) 5.5 cm, 95.0 cm²
d) 14 cm, 616 cm²

Q7 4.52 cm²

Q8 1960 cm²

Q9 8836 cm²

Q10 16286 m²
17203 − 16286 = 917 m²

Volume P.46-P.48

Q1 a) 12, 12
b) 11, 11
c) 30, 30
d) 24, 24
e) 32, 32
f) 28, 28
g) 36, 36
h) 60, 60

Q2 140 cm³

Q3 2700 cm³

Q4 600 cm³

Q5 100 m³

Q6 10 cm × 6 cm × 9 cm

Q7 a) 125 cm³
b) 729 cm³
c) 3375 cm³

Q8 360 cm³, 2880 cm³

Q9 8 cm³, yes

Q10 Volume = π × 0.3² × 1.7 = 0.48 m³

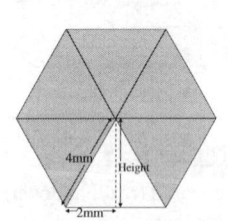

Q11 a) V = 3.14 × 7² × 9 = 1384.74 cm³
b) L = 1200 ÷ 49π = 7.79... cm =
8 cm to nearest whole cm.

Q12 a)
(diagram of hexagon with 4mm and 2mm labels)

height = $\sqrt{4^2 - 2^2}$ = 3.464,
so area of hexagon = 6 × ½ × 4 ×
3.464 = 41.57 mm².
b) Area of wood = area of hexagon −
area of circle radius 1 mm =
41.568 − π = 38.43 mm².
c) Volume of wood = 38.428 × 200
= 7686 mm³.

Solids and Nets P.49

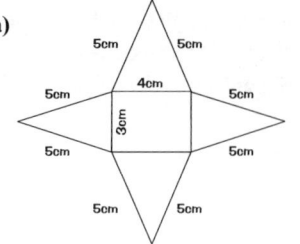

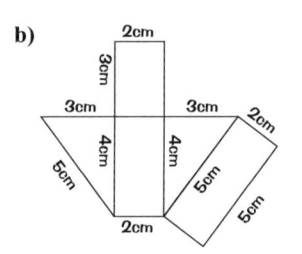

Q1 a, c, d and f

Q2 a)
(net diagram with 5cm sides, 4cm and 3cm inner square)

b)
(net diagram with 2cm, 3cm, 4cm, 5cm labels)

Q3 cone

Length, Area and Volume P.50

Q1 a) Length
b) Area
c) None of these
d) Length

Q2 a) Length
b) Length
c) Length

Q3 Yes. It is the formula for the area of a triangle.

Q4 Yes. It could be the perimeter of a symmetrical irregular pentagon.

Q5 a) None of these
b) Perimeter
c) Area
d) Area

SECTION TWO — SHAPES AND AREA

Answers: P.51 — P.60

Section Three
Metric and Imperial Units P.51-P.52

Q1 (distance table: Aberdeen, Inverness 168, Glasgow 240 280, Edinburgh 200 248 72)

Q2 22, 35.2, 165
22.5, 63, 180

Q3 30, 20, 12.5

Q4 90 litres

Q5 Tom by 1 km (or 0.625 miles).

Q6 4 bags

Q7 a) 13.7 litres (to 1 dp)
b) 24/(15 + 1) = 1.5 pints
c) 0.86 litres (to 2 dp)

Rounding Off P.53-P.55

Q1 a) 3
b) 27
c) 2
d) 11
e) 6
f) 44
g) 10
h) 0

Q2 2

Q3 5

Q4 a) £4
b) £17
c) £12
d) £8
e) £1
f) £15
g) £7
h) £0

Q5 a) 2
b) 1
c) 12
d) 0
e) 2
f) 2

Q6 a) 20
b) 80
c) 70
d) 100
e) 120
f) 240
g) 960
h) 1060

Q7 a) 600
b) 800
c) 200
d) 500
e) 1300
f) 3300
g) 3000

Q8 a) 5000
b) 9000
c) 10000

Q9 a) 23000
b) 37000
c) 50000

Q10 Least number: 75
Greatest: 84

Q11 Smallest possible number: 1250
Largest possible number: 1349

Q12 a) 7.3
b) 8.5
c) 12.1
d) 28.0
e) 9.4
f) 14.6
g) 30.4

Q13 a) 17.36
b) 38.06
c) 0.74
d) 6.00
e) 4.30
f) 7.04

Q14 a) 6.353
b) 81.645
c) 0.008
d) 53.270
e) 754.400
f) 0.000

Q15 £8.57

Q16 a) 10
b) 500
c) 1000
d) 0.02
e) 2000
f) 0.3

Q17 450 cm to just less than 550 cm

Estimating P.56-P.57

Q1 a) 20 × 10 = 200
b) 20 × 20 = 400
c) 60 × 50 = 3000
d) 100 × 150 = 15000
e) 12 ÷ 4 = 3
f) 20 ÷ 5 = 4
g) 100 ÷ 10 = 10
h) 150 ÷ 15 = 10
i) 200 × 200 = 40000
j) 500 × 300 = 150000
k) 900 ÷ 30 = 30
l) 1200 ÷ 600 = 2

(Other answers are possible depending on the approximations used.)

Q2 a) 30 × 20 = 600
b) 30 × 30 = 900
c) 70 × 90 = 6300
d) 100 × 10 = 1000
e) 60 ÷ 10 = 6
f) 120 ÷ 20 = 6
g) 180 ÷ 60 = 3
h) 320 ÷ 80 = 4

Q3 a) 12000 × 3 = £36000
b) 80000 ÷ 10000 = 8
c) 60000 ÷ 12 = £5000

(Other answers are possible.)

Q5 5 – 6 m

Q6 81 – 85 km

Accuracy and Estimating P.58

Q1 a) 807·87 m^2
b) 808 m^2
c) Answer **b)** is more reasonable.

Q2 a) 80872 kg
b) 3·9 miles
c) 1·56 m
d) 150 kg
e) 6 buses
f) 12°

Q3 a) 0·72 (to 2 sf)
b) 3·7 (to 2 sf)

Conversion Graphs P.59

Q1 a) £5
b) £9.50
c) £17
d) 2 miles
e) 6 miles
f) 8 miles

Q2 a) 12-13 miles
b) 43-44 miles
c) 56-57 miles

Q3 a) 63-65 km
b) 15-17 km
c) 47-49 km

Conversion Factors P.60

Q1 2 cm, 8.2 cm, 60 mm
1.42 m, 250 cm, 2.55 m
9 km, 3.47 km, 2000 m
300000 cm, 3400 mm, 50000 cm
6.2g, 8.55 kg, 2300 g
12 kg, 1200 ml, 4.4 l.

Q2 a) £11.11
b) £3.83
c) £36.50
d) 112 Canadian Dollars
e) 10 Canadian Dollars

Q3 1 litre for 95p is better value.
(2 pints for £1.20 is equivalent to 1.143 litres for £1.20, which is equivalent to £1.05 for 1 litre).

SECTION THREE — MEASUREMENTS

Answers: P.61 — P.70

Clock Time Questions P.61

Q1 a) 4 am
b) 5.12 pm
c) 2.15 am
d) 3.22 pm
e) 9.30 pm
f) 12.01 am

Q2 a) 2230
b) 1122
c) 0030
d) 1230
e) 0915
f) 1533

Q3 a) 3 hours 45 mins
b) 12 mins
c) 5 hours 48 mins

Q4 a) train 3
b) train 1
c) 12:08

Compass Directions P.62

Q1 Cube

Q2 a) NW
b) SW
c) Jane's house
d) Church
e) North East then North West then West

Three Figure Bearings P.63-P.64

Q1 122° to 126°

Q2 303° to 308°

Q3 a) 3 km, 185° to 190°
b) 5 km, 320° to 325°
c) 7.5 km, 338° to 342°

Q4 & Q5

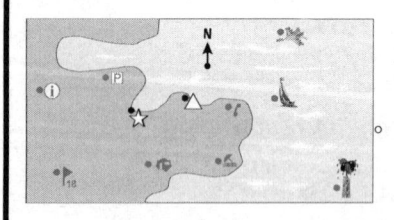

Q6 a) Guernsey
b) Sark
c) 315°, 43-44 miles
d) 342°
e) 045°
f) 61-63 miles

Q7 a)

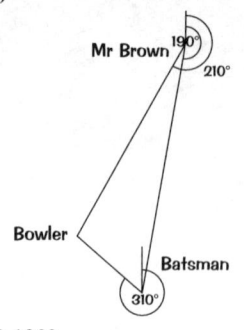

[Diagram: Mr Brown 190°, 210°, Bowler, Batsman 310°]

b) 130°
c) 010°

Scale Drawings P.65-P.66

Q1 a) 4.1 cm or 4.2 cm
b) 16.4 km or 16.8 km
c) Accept 52 to 54 km

Q2 a) 151 mm
b) 7550 mm
c) 7.55 m

Q3 Length: 10 cm, width: 7.5 cm

Q4 Length: 65 cm, width: 17 cm

Q5 Length of drawing: 6 cm, actual length: 540 cm = 5.4 m

Q6 3 cm long, 2 cm wide

Q7 4 cm, 3 cm

[Diagram: Window, Door — Not actual size]

2 cm, 0.75 cm

Formula Triangles P.67

Q1

[Triangle: A over (b/2 × H)]

a) $A = 4.5 \times 6 = 27$ cm²
b) $h = 26/2 = 13$ cm
c) $b/2 = 49/3.5 = 14$ so $b = 28$ cm

Q2

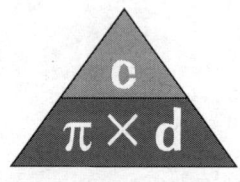

[Triangle: c over (π × d)]

a) $c = \pi \times 72 = 226$ cm (to nearest cm)
b) $d = 21/\pi = 6.7$ cm (to 1 d.p.)

Q3

[Triangle: S over (L × Q)]

a) $L = 120/8 = 15$
b) $Q = 408/24 = 17$

Speed P.68

Q1 60 km/h

Q2 165 miles

Q3

Distance Travelled	Time taken	Average Speed
210 km	3 hrs	70 km/h
135 miles	4 hrs 30 mins	30 mph
105 km	2 hrs 30 mins	42 km/h
9 miles	45 mins	12 mph
640 km	48 mins	800 km/h
70 miles	1 hr 10 mins	60 mph

Q4 a) $100 \div 11 = 9.09$ m/s (to 2 d.p)
b) 32.73 km/h

Q5 7 minutes to go 63 miles so 540 mph

Q6 $280 \div 63 = 4.444$ hrs
07.05 to 1030 is 3 hrs 25 mins.
Journey takes over 4 hours so NO.

Density P.69-P.70

Q1 a) 0.75 g/cm³.
b) 0.8 g/cm³.
c) 0.6 g/cm³.
d) 700 kg/m³ = 0.7 g/cm³

Q2 a) 62.4 g.
b) 96 g.
c) 3744 g (3.744 kg).
d) 75 g.

Q3 a) 625 cm³.
b) 89.3 cm³ (to 3 s.f.).
c) 27778 cm³ (27800 to 3 s.f.).
d) 2500 cm³.

Q4 20968 cm³

Q5 Vol. = 5000 cm³ = 5 litres.

Q6 34.71 g

Q7 1.05 g/cm³

Q8 SR flour 1.16 g/cm³.
Granary flour 1.19 g/cm³.

SECTION THREE — MEASUREMENTS

Answers: P.71 — P.81

Section Four

Estimating Angles P.71

a) acute, 43°
b) obtuse, 143°
c) right, 90°
d) reflex, 301°
e) reflex, 248°
f) acute, 16°

Angle Rules P.73-P.74

Q1 a = 60°
    b = 104°
    c = 140°
    d = 30°
    e = 95°
    f = 42°
    g = 139°
    h = 41°
    i = 86°

Q2 110°   35°
    60°   30°

Q3 80°   60°

Q4 a = 34°
    b = 86°
    c = 94°
    d = 120°
    e = 60°

Three-letter Angle Notation P.75

Q1 a) QRP = 60°. Angles in a straight line add to 180°.
   b) RPQ = 180 − 60 − 45 = 75°.
   c) 360°, (as they do at any point).

Q2 a) 180 − 110 = 70°
   b) 70°, the other isosceles angle
   c) (180 − 110) ÷ 2 = 35°
   d) BYZ or ZYB, two alternatives for the same angle.

Parallel Lines P.76

a = 130° corresponding
b = 56°   supplementary
c = 48°   alternate
d = 72°   alternate
e = 50°   alternate
f = 65°   corresponding
g = 46°   supplementary
h = 75°   alternate
i = 119° supplementary
j = 61°   corresponding

Pythagoras' Theorem P.77

Q1 c = 5 cm
    d = 9.28 cm
    e = 12 mm
    f = 17.9 cm

Q2 A: 100 = 64 + 36 Yes
    B: 144 ≠ 64 + 16 No
    C: 36 ≠ 16 + 12.25 No
    D: 625 = 576 + 49 Yes
    So A and D are right angled.

Q3 h = 19.7 cm
    i = 16.7 cm
    j = 8 mm
    k = 11.3 mm
    l = m = 9.43 cm

Loci & Constructions P.78-P.80

Q1 a) (not actual size)

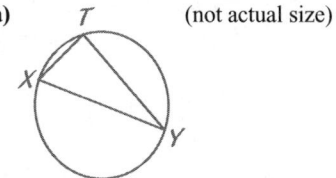

Angle XTY = 90°

b) AB = 55 or 56 mm

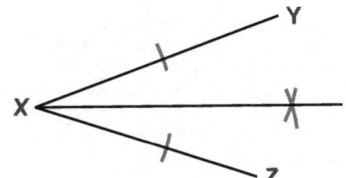

Q2 [construction of triangle ABC with BC = 5 cm, AB = 4 cm, AC = 3 cm, BD = 2.5 cm]

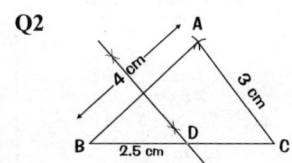

Q3 [angle XYZ bisector construction]

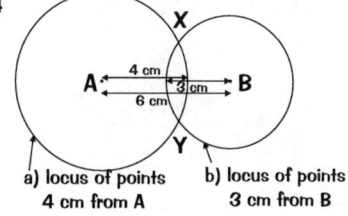

Q4 [two overlapping circles, A and B, 6 cm apart; circle A radius 4 cm, circle B radius 3 cm, intersecting at X and Y]
   a) locus of points 4 cm from A
   b) locus of points 3 cm from B

Q5 [Venn-diagram style overlapping circles showing region of overlap between two churches]

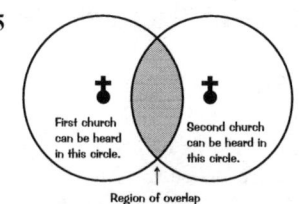

The area where both bells can be heard is the region where the circles overlap.

Q6 [diagram showing Outside/Inside with area in which Tony could position his bed]

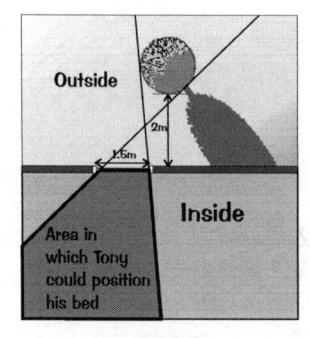

Q7 [rectangle 6 cm with X marks at corners; triangle with 5 cm side]

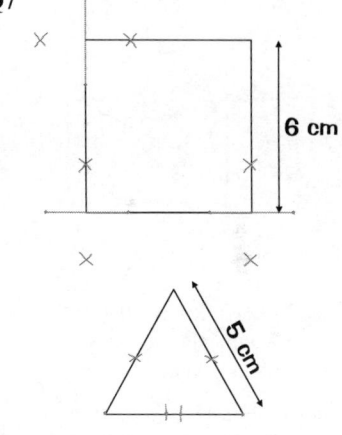

Congruence P.81

Q1 c
Q2 b
Q3 b
Q4 a
Q5 d

SECTION FOUR — ANGLES AND GEOMETRY

Answers: P.82 — P.87

Similarity and Enlargement P.82

Q1 Scale factor = 40/20 = 2
Old length = new length/2
L = 50/2 = 25 cm

Q2 i) a) Yes **b)** The ratios 2.5: 7.5 = 3:9 = 4:12 are all equal.

ii) a) No **b)** the ratios are different
2:3 ≠ 5.5:9

iii) a) Yes **b)** 10:150 cancels to 1:15
15:225 cancels to 1:15 as well.

iv) a) Yes **b)** all angles are the same.

Q3 a) Yes
b) Scale factor = 5/4 = 1.25
AB = 10/1.25 = 8
c) QR = 6 × 1.25 = 7.5

Q4 A, D and E

Transformations — Enlargements P.83-P.84

Q1 A: 3 **B:** 4 **C:** 1/3

Q2

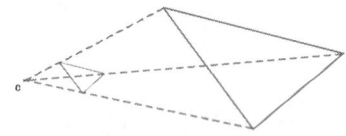

Q3

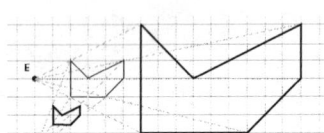

Q4 a) PT = 4.5m
b) Ratio of lengths = 1.5:4.5 = 1:3
So ST = 3 × QR = 3 × 0.9 = 2.7 m

Q5 A:B = 3:2 in height, so
A:B = 27:8 in volume
Volume of B = 54 × $\frac{8}{27}$ = 16 cm³

Q6 a) Ratio AC:AQ = 24:7.5 = 3.2:1 so
AP = 15 × $\frac{1}{3.2}$ = 4.6875 cm

b) Using $\frac{1}{2}$(base)(height) = $\frac{1}{2}$(24)(9) = 108 cm²

c) Sides scale factor = $\frac{1}{3.2}$
Area scale factor = $\frac{1}{10.24}$
Area of triangle APQ = 108 × $\frac{1}{10.24}$ = 10.5 cm²

Transformations — Translation P.85

Q1

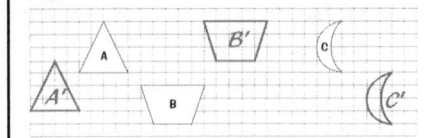

Q2

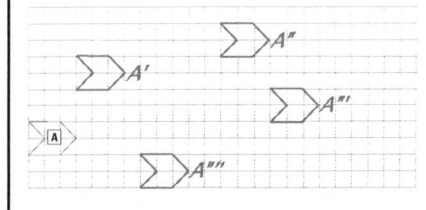

Q3 a) S $\xrightarrow{\binom{5}{2}}$ S₁

b) T $\xrightarrow{\binom{0}{-5}}$ T₁

c) R $\xrightarrow{\binom{-4}{-3.5}}$ R₁

Transformations — Reflection P.86

Q1

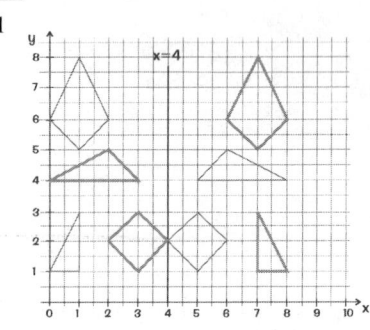

Q2

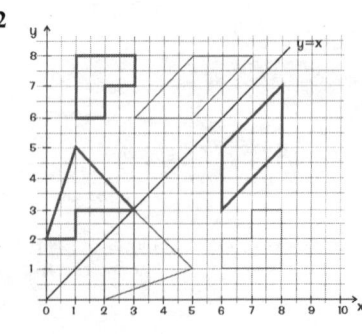

Q3

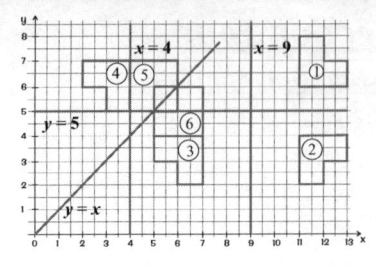

Q4

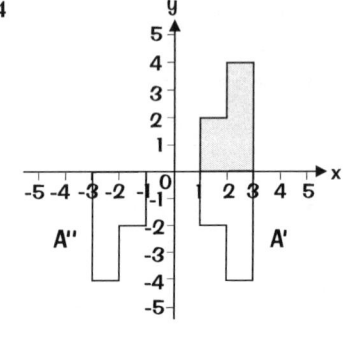

c) Rotation through 180° / half turn, about the origin.

Transformations — Rotation P.87

Q1 a)

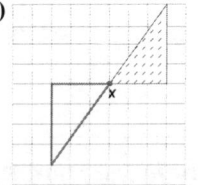

b)

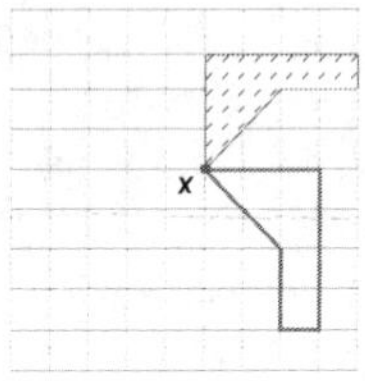

Q2 a) P(3, 4), Q(5, 0), R(0, 1)
b)

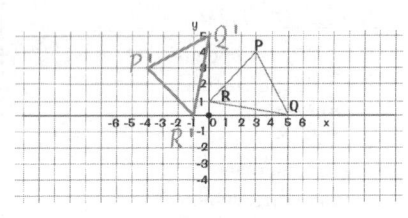

c) P′(-4, 3), Q′(0, 5), R′(-1, 0)

SECTION FOUR — ANGLES AND GEOMETRY

Answers: P.88 — P.96

Section Five
Probability P.88-P.90

Q1 b) Impossible

Q2 a) 3/10
b) 5/10 = 1/2
c) 2/10 = 1/5
d) 7/10
e) 0

Q3 a) 3/6 = 1/2
b) 26/52 = 1/2
c) 2/52 = 1/26
d) 3/6 = 1/2

Q4 a) & b)

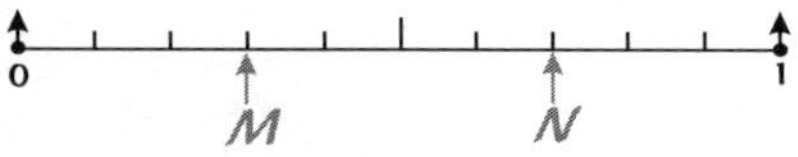

(Number line from 0 to 1 with M marked around 1/4 and N marked around 1/2)

Q5

	2nd COIN H	2nd COIN T
1st COIN H	HH	HT
1st COIN T	TH	TT

a) 4, b) 1/4, c) 1/4

Q6

	1	2	3	4	5	6
1	2	3	4	5	6	7
2	3	4	5	6	7	8
3	4	5	6	7	8	9
4	5	6	7	8	9	10
5	6	7	8	9	10	11
6	7	8	9	10	11	12

There are 36 different combinations.
a) 1/36
b) 5/36
c) 3/36 = 1/12
d) 6/36 = 1/6
e) 3/36 = 1/12
f) 18/36 = 1/2
g) 0

Q7

SPINNER 2 \ SPINNER 1	2	3	4
3	6	9	12
4	8	12	16
5	10	15	20

Probability of scoring 12 is 2/9
Probability of winning is 3/9 = 1/3

Q8 Jack is only correct when 1/3 of the class are wearing red socks.

Q9 Do an experiment — spin the spinner lots of times and record the results. If you spin it 120 times, then each number should come up about 20 times.

Q10 a) 14/40 or 0.35
b) 24/60 = 0.4
c) 38/100 = 0.38

Q11 False. It depends on current weather conditions. For example, if we are in the middle of a heat wave, then the probability it will rain tomorrow could be 0%.

Mode and Median P.91

Q1 a) 3
b) 52

Q2 23 °C

Q3 17 mins

Q4 a) 2, 2, 3, 4, 5, 6, 7, 9, 12. Median is 5.
b) 2, 3, 5, 5, 7, 12, 14, 19, 21. Median is 7.

Q5 134, 134, 139, 146, 148, 149, 152, 156, 157, 158, 162, 163, 167, 172, 174. Median is 156 cm.

Mean and Range P.92

Q1 a) 12.5
b) 9.2
c) 68.2

Q2 a) 4
b) 5

Q3 a) 256
b) 74

Q4 4

Q5 0.22 m or 22 cm

Q6 1 hr 5 mins or 65 mins

Averages P.93-P.94

Q1 Mean: John = 72; Mark = 72
Range: John = 25; Mark = 14
Mark better: same mean, more consistent.

Q2 Mean = £4.02
Mode = £4.25
Median = £4.13
The employer has used the mean. Jane should use the mode.

Q3 Mean = 97/20 = 4.85
Median = 2.5
Mode = 0

Newspaper reporter: You would use the mean as it is the highest average.
Headteacher— accept either: You would use the median as it gives a more realistic value, OR You would use the mode as you want to give a good impression of the school.

Q4 Mean = 2393 ÷ 10 = 239.3
Median = 239
Mode = 239
Data suggests that label is incorrect (all 3 averages are below 240).

Q5 Mean = 5.2; Median = 5; Mode = 5
The mode is most useful — it's the size you need most of.

Q6 Median wage: £300
Mean wage: £372
Median gives best idea of the average wage.
The advert is not fair, because the director's wage distorts the figures. A fairer advert would be: Bricklayer wanted. Wage: £250 p.w..

Tally/Frequency Tables P.95-P.96

Q1

TYPE OF CAR	TALLY	FREQUENCY
Saloon	|||| |||| |||| ||	17
Hatchback	|||| |||| ||||	15
4 × 4	||||		6
MPV	|||| ||||	9
Roadster	|||| |||| |||	13

(Bar chart: Frequency vs Type of car — S, H, F, M, R)

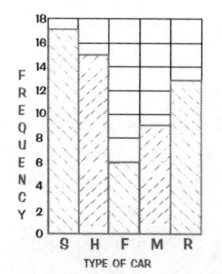

Q2

GOALS	TALLY	FREQUENCY
0								7
1											11
2							6
3						4
4					3
5			1

(Line graph: Frequency vs Goals Scored)

Q3

MARKS	TALLY	FREQUENCY
31-40	||	2
41-50	||||		6
51-60	|||| |||	8
61-70	|||| ||||	10
71-80	||||	5
81-90			1
TOTAL		32

SECTION FIVE — HANDLING DATA

Answers: P.97 — P.104

Q4 a) 5
b) See below:

Number of Hours	0	1	2	3	4	5	6	7	8
Frequency	1	9	10	10	11	27	9	15	8
Hours × Frequency	0	9	20	30	44	135	54	105	64

c) 461 hours
d) 461 ÷ 100 = 4.61 hours

Grouped Frequency Tables P.97-P.98

Q1 a) 35.5, 45.5, 55.5, 65.5
b) 50.7

Q2 a) 41 - 50 wickets
b) 51 - 60 wickets

Q3 a)

Dolphins			Sharks		
Time interval (seconds)	Frequency	Mid-interval value	Time interval (seconds)	Frequency	Mid-interval value
$14 \leq t < 20$	3	17	$14 \leq t < 20$	6	17
$20 \leq t < 26$	7	23	$20 \leq t < 26$	15	23
$26 \leq t < 32$	15	29	$26 \leq t < 32$	33	29
$32 \leq t < 38$	32	35	$32 \leq t < 38$	59	35
$38 \leq t < 44$	45	41	$38 \leq t < 44$	20	41
$44 \leq t < 50$	30	47	$44 \leq t < 50$	8	47
$50 \leq t < 56$	5	53	$50 \leq t < 56$	2	53

b) Dolphins
Mid interval × frequency column adds up to 5287
Mean Time = 5287 / 137 = 38.6 s
Sharks
Mid Interval × Frequency column adds up to 4771
Mean time = 4771 / 143 = 33.4 s

Q4 a) It may be TRUE... it could be 161 cm or any other number in that class 161-165.
b) It may be TRUE... the difference between 151 to 171 or 155 to 175 leads to a range of 20 cm. But... we don't know where the lengths actually are in relation to the class limits... it could be that the shortest snake is 151 cm and the longest 175 cm giving a range of 24 cm.
c) FALSE... The modal class is the one with the largest frequency i.e. 156–160 and this contains 8 snakes.
d) FALSE... See reason for **a)** and also the fact that the median must be the 13th snake arranged in order, which happens in the 161-165 class.

Tables, Charts and Graphs P.99-P.100

Q1 a) 9
b) 9
c) 35
d) 7/35 = 1/5

Q2 a) 6 + 17 = 23
b) 81 + 53 + 31 + 9 = 174
c) 6 + 17 + 29 + 81 + 53 + 31 + 9 = 226

Q3

TEST SCORE	TALLY	FREQUENCY
1 - 5	||||		6
6 - 10	|||| |||	8
11 - 15	|||	3
16 - 20	||||	5
21 - 25	|||	3

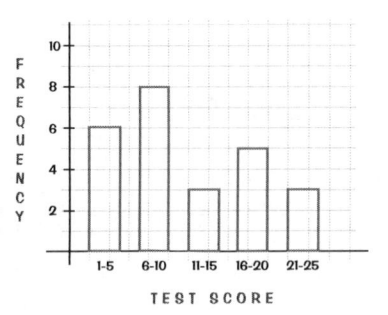

Q4 a) 35
b) 52
c) 9
d) 21

Q5 a) 60
b) 8
c) 4
d) e.g. Coke was the most popular and milk the least popular / coke was much more popular than milk.

Q6 i) She only asked her friends
ii) She only asked 1 set
iii) The sample was too small

Stem and Leaf Diagrams P.101

Q1 a) 6
b) 12, 12, 14, 18, 18, 19, 19, 20, 21, 21, 22, 25, 26, 30, 30, 30, 35, 42, 45, 49, 68

Q2 a) 5
b) 7
c) 65
d) 5
e) 29

Q3

1	2 8 9 9
2	0 2 7
3	1 4

Line Graphs P.102

Q1

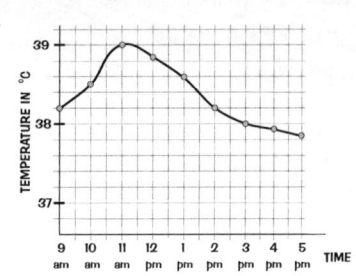

a) 38.5° C
b) 38.2° C
c) 39° C
d) 11 am

Q2

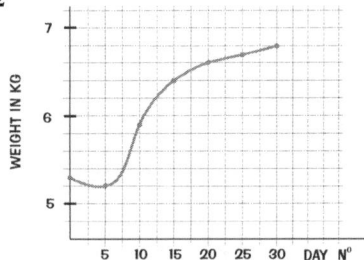

It dropped slightly in the first 5 days, increased quickly for about 10 days then increased slowly for 15 days.

Scattergraphs P.103-P.104

Q1

There is positive correlation.
The bigger the shoe size, the taller the pupil.

Q2 a) Positive — the higher the temperature, the more ice cream sold.
b) Negative — the higher the price, the less ice cream sold.
c) None — no connection.

Q3 a) Point C
b) Point A
c) Point B

SECTION FIVE — HANDLING DATA

Answers: P.105 — P.106

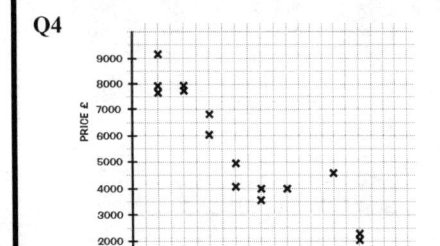

Q4

"The older the car, the cheaper it is."

OR: "There is a negative correlation between age of car and price."

Pie Charts P.105-P.106

Q1

Programme	Hours	Angle
News	5	75°
Sport	3	45°
Music	2	30°
Current Affairs	3	45°
Comedy	2	30°
Other	9	135°
Total	24	360°

Q2

Item	£	Angle
Mortgage	150	100°
Heat/light	30	20°
Food	90	60°
Clothes	30	20°
Car	45	30°
General	195	130°

Q3

COUNTRY	WORKING	ANGLE in degrees
UK	90 ÷ 180 × 360 =	180°
MALAYSIA	35÷180×360	70°
SPAIN	10÷180×360	20°
OTHERS	45÷180×360	90°

Q4

Activity	Hours	Working	Angle
Homework	6	6 ÷ 48 × 360 =	45°
Sport	2	2÷48×360=	15°
TV	10	10÷48×360=	75°
Computer games	2	2÷48×360=	15°
Sleeping	18	18÷48×360=	135°
Listening to music	2	2÷48×360=	15°
Paid work	8	8÷48×360=	60°
Total	48	48÷48×360=	360°

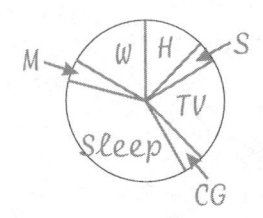

SECTION FIVE — HANDLING DATA

Answers: P.107 — P.113

Section Six
Coordinates P.107-P.108

Q1 Butterfly

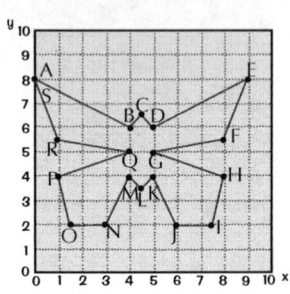

Q2 I, T, I, S, A, B, U, T, T, E, R, F, L, Y

Q3 a) Airport (3, -6)
Mount Teide (2, -2)
Santa Cruz (8, 6)
Puerto Colon (-2.5, -7)
b), c)

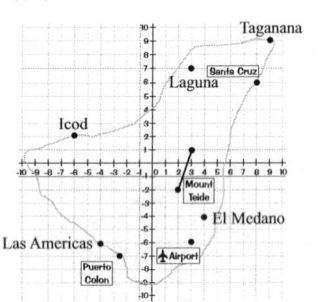

Q4 B (1, 5, 8)
C (4, 5, 8)
D (4, 2, 8)
E (4, 2, 3)
F (1, 2, 3)
G (1, 5, 3)

Midpoints of Line Segments P.109

Q1 a) (3, 4)
b) (5, 5)
c) (6, 11)
d) (8, 9)
e) (3, 3)
f) (9, 6)

Q2 a) (3, 5.5)
b) (3.5, 1.5)
c) (2, 2.5)
d) (2, 2)
e) (-3, -3.5)

Q3 AB: (2.5, 2)
CD: (0, 0)
EF: (3.5, -3)
GH: (-3, -2)
JK: (-1, 3.5)
LM: (2.5, 3.5)

Straight Line Graphs You Should Know P.110

Q1

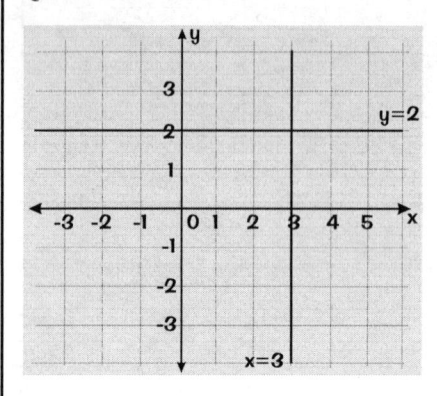

Q2

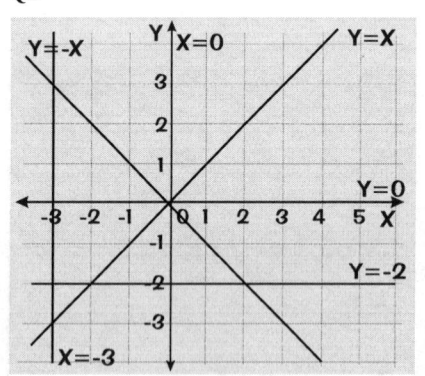

Q3 a) B
b) A
c) D
d) C
e) E

Plotting Straight Line Graphs P.111

Q1, Q2 b), Q3 b), Q4 b)

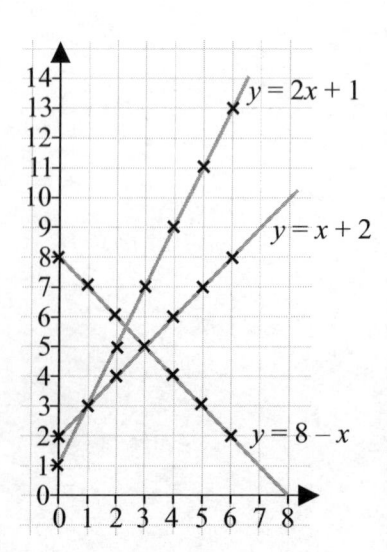

$y = 2x + 1$
$y = x + 2$
$y = 8 - x$

Q2 a)

x	0	1	2	3	4	5	6
y	2	3	4	5	6	7	8

Q3 a)

x	0	1	2	3	4	5	6
y	1	3	5	7	9	11	13

Q4 a)

x	0	1	2	3	4	5	6
y	8	7	6	5	4	3	2

Gradients of Lines P.112

Q1

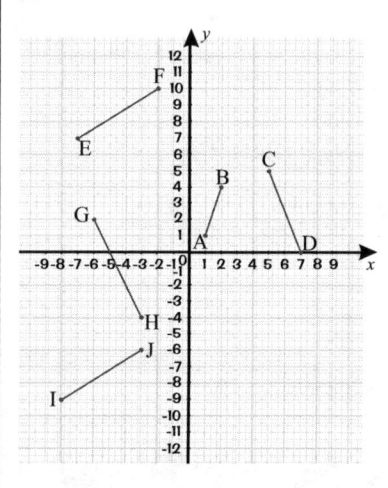

Grad. of AB = 3, midpt. = (1½, 2½)
Grad. of CD = -5/2, midpt. = (6, 2½)
Grad. of EF = 3/5, midpt. = (-4½, 8½)
Grad. of GH = -2, midpt. = (-4½, -1)
Grad. of IJ = 3/5, midpt. = (-5½, -7½)

Straight Line Graphs: $y = mx + c$ P.113

Q1 a) 4, (0, 2)
b) 5, (0, -1)
c) 6, (0, 0)
d) 2, (0, 5)
e) -3, (0, 12)
f) 1, (0, 0)
g) -1, (0, 3)
h) -2, (0, 10)
i) 1/2, (0, 2)
j) 4, (0, -5)

Q2 m = 3, c = 8

Q3 m = 1, c = -2

Answers: P.114 — P.118

Finding the Equation of a Straight Line P.114

Q1 A; m = 1, c = 3, y = x + 3
B; m = 2, c = 5, y = 2x + 5
C; m = 1/2, c = -4, y = ½x − 4
D; m = -1, c = 7, y = -x + 7

Q2 & Q3

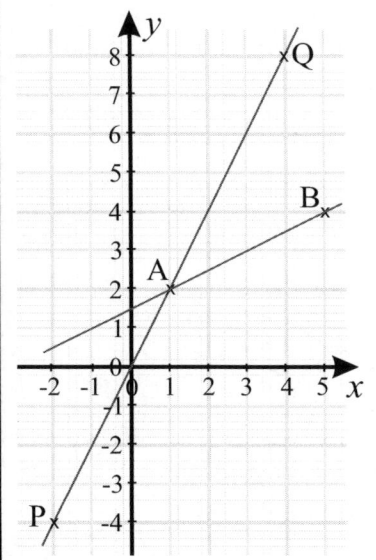

Gradient AB = ½
y - intercept AB = 1½
Eqn: y = x/2 + 3/2

Gradient PQ = 2
y - intercept PQ = 0
Eqn: y = 2x

Quadratic Graphs P.115-P.116

Q1

x	-4	-3	-2	-1	0	1	2	3	4
y=2x²	32	18	8	2	0	2	8	18	32

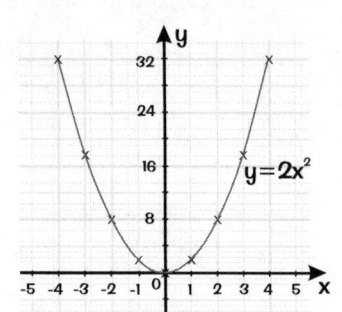

Q2

x	-4	-3	-2	-1	0	1	2	3	4
x²	16	9	4	1	0	1	4	9	16
y=x²+x	12	6	2	0	0	2	6	12	20

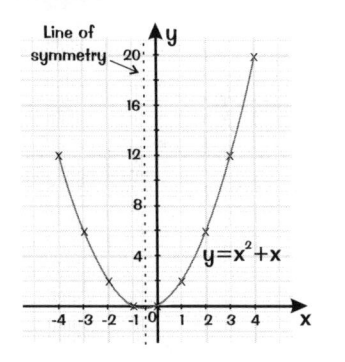

d) x = -1 or 0

Q3 a)

x	-2	-1	0	1	2	3	4
x²	4	1	0	1	4	9	16
-4x	8	4	0	-4	-8	-12	-16
1	1	1	1	1	1	1	1
y=x²-4x+1	13	6	1	-2	-3	-2	1

b) & c)

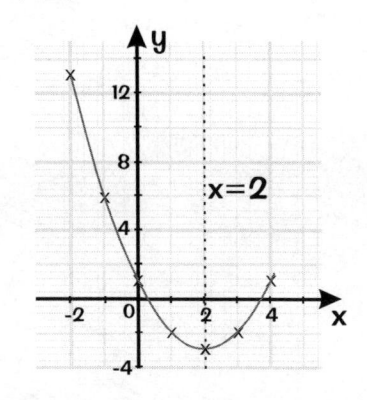

d) x = 0.3 or 3.7
(accept 0.2 to 0.4 and 3.6 to 3.8)

Q4 a)

x	-4	-3	-2	-1	0	1	2	3	4
3	3	3	3	3	3	3	3	3	3
-x²	-16	-9	-4	-1	-0	-1	-4	-9	-16
y=3-x²	-13	-6	-1	2	3	2	-1	-6	-13

b)

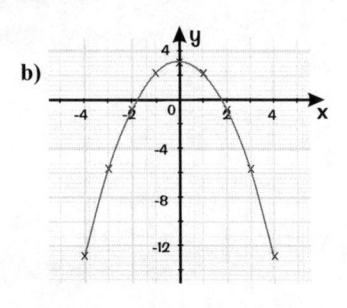

c) x = ±1.7 (accept ±1.6 to ±1.8)

Q5 a)

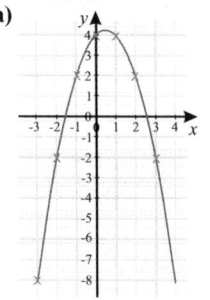

b) x = -1.6 or 2.6
(accept -1.8 to -1.4 and 2.4 to 2.8)

Simultaneous Equations with Graphs P.117-P.118

Q1 a) x = 3, y = 3
b) x = -4, y = 6
c) x = 0, y = 6
d) x = -2, y = 3

Q2

x	-2	0	4
y = x+2	0	2	6

x	0	1	2
y = 3x-2	-2	1	4

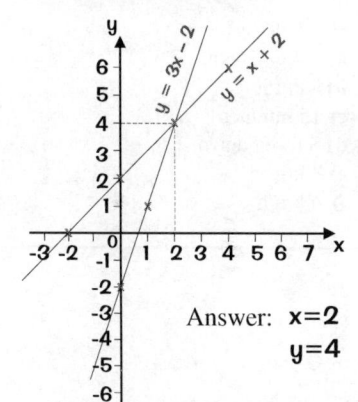

Answer: x=2, y=4

Q3

x	-1	1	3
y = 2x-2	-4	0	4

x	-2	0	2
y = ½x+4	3	4	5

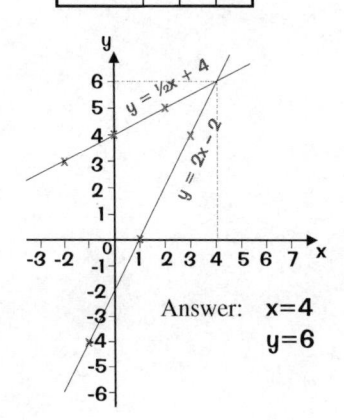

Answer: x=4, y=6

SECTION SIX — GRAPHS

Answers: P.119 — P.120

Interpreting Graphs P.119

Q1 a) 8 km
b) 32 km
c) 18 km
d) 37 km

Q2 a) 6 miles
b) 13 miles
c) 17 miles
d) 22 miles

Q3 a) Graph 4
b) Graph 1
c) Graph 2
d) Graph 3

Q4 1 D
2 B
3 A
4 E
5 C

Travel Graphs P.120

Q1 a) 1:00 pm
b) 30 miles
c) 30 mins
d) E
e) 45 mins
f) 80 mph

Q2 a) 9.45 – 10am
b) 8 km/h
c) 15 minutes
d) Slowed down
e) 4 km
f) 4 km/h

SECTION SIX — GRAPHS

Answers: P.121 — P.127

Section Seven

Negative Numbers P.121-P.122

Q1 a)

number line with dots at -5, -4, -3, 0, 1, 2, 3

b) -4°C
c) -23°C
d) >
e) <
f) <
g) >
h) <
i) >
j) 2, 0.5, -1.5, -2, -8
k) -5°C
l) 8°C

Q2 a) -5
b) -14
c) -19
d) -2
e) -5
f) -97

Q3 a) -5
b) -8
c) 0
d) -67
e) -87
f) -999

Q4 a) 3
b) 4
c) 48
d) 88
e) 9
f) 49

Q5 a) -5
b) -9
c) -16
d) -54
e) -21
f) -103

Standard Index Form P.123-P.125

Q1

Number	Standard form
4500000000	4.5×10^9
19300000000000	1.93×10^{13}
8200000000000	8.2×10^{12}
82000000	8.2×10^7
634000000	6.34×10^8
4020000	4.02×10^6
423400000000	4.234×10^{11}
84310000	8.431×10^7
103000	1.03×10^5
4700	4.7×10^3

Number	Standard form
0.000000006	6×10^{-9}
0.00000000072	7.2×10^{-10}
0.0000085	8.5×10^{-6}
0.000000143	1.43×10^{-7}
0.0000712	7.12×10^{-5}
0.000000000368	3.68×10^{-10}
0.00000004003	4.003×10^{-8}
0.0000009321	9.321×10^{-7}
0.0052	5.2×10^{-3}
0.0000009999	9.999×10^{-7}
0.00000000802	8.02×10^{-9}
0.0000023104	2.3104×10^{-6}
0.000001	1×10^{-6}

Q2 a) 9.66×10^5
b) 3.28×10^5
c) 3×10^{-3}
d) 2.5×10^5
e) 2×10^5
f) 4×10^4

Q3 a) 6.94×10^8 km
b) 8.6×10^6 km²
c) 4500000000 years
d) 3700 metres
e) 0.00000000000000000016 C
f) 0.000000000032 J
g) 6033000000000000000000
h) 4.0076×10^4 km
i) 2.49231×10^8 people
j) 6.763×10^3 miles
k) 28000000000 J
l) 3×10^{-13} cm

Q4 7×10^6

Q5 1.04×10^{13} is greater by 5.78×10^{12}

Q6 1.3×10^{-9} is smaller by 3.07×10^{-8}

Q7 a) 4.2×10^7
b) 3.8×10^{-4}
c) 1.0×10^7
d) 1.12×10^{-4}
e) 8.43×10^5
f) 4.232×10^{-3}

Q8 3.322×10^{-27} kg

Q9 6.38×10^8 cm

Q10 a) 1.8922×10^{16} m
b) 4.7305×10^{15} m

Q11 a) 2.4×10^{10}
b) 1.6×10^6
c) 1.8×10^5

Powers P.126

Q1 a) 16
b) 1000
c) $3 \times 3 \times 3 \times 3 \times 3 = 243$
d) $4 \times 4 \times 4 \times 4 \times 4 \times 4 = 4096$
e) $1 \times 1 \times 1 \times 1 \times 1 \times 1 \times 1 \times 1 = 1$
f) $5 \times 5 \times 5 \times 5 \times 5 \times 5 = 15625$

Q2 a) 2^8
b) 12^5
c) m^3
d) y^4

Q3 a) 64
b) 10,000
c) 248832
d) 2197

Q4 b) $(10 \times 10 \times 10) \times (10 \times 10 \times 10 \times 10) = 10^7$
c) $(10 \times 10 \times 10 \times 10) \times (10 \times 10) = 10^6$
d) Add the powers.

Q5 b) 2^3
c) $(4 \times 4 \times 4 \times 4 \times 4)/(4 \times 4 \times 4) = 4^2$
d) $(8 \times 8 \times 8 \times 8 \times 8)/(8 \times 8) = 8^3$
e) Subtract the powers.

Q6 a) 10^2
b) 8^4
c) 6^5
d) x^5
e) a^9
f) p^{15}

Square and Cube Roots P.127

Q1 a) 8
b) 4
c) 6
d) 14
e) 23
f) 9
g) 27
h) 1
i) 13
j) 85
k) 1000
l) 5

Q2 a) 2 and –2
b) 4 and –4
c) 3 and –3
d) 7 and –7
e) 5 and –5
f) 10 and –10
g) 12 and –12
h) 8 and –8
i) 9 and –9

Q3 a) 16
b) 12
c) 11
d) 100
e) 1
f) 0.5

Q4 a) 4
b) 8
c) 5
d) 10
e) 6
f) 20

Q5 20 m

Q6 7 cm

18

Answers: P.128 — P.136

Number Patterns and Sequences P.128-P.129

Q1 a) 4, 7, 10, 13, 16
b) 12, 19, 26, 33, 40
c) 4, 10, 16, 22, 28

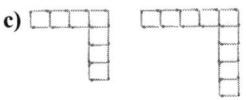

Q2 a) 44442222
4444422222
444444222222
b) 4400001
53000001
620000001

Q3 a) 9, 11, 13, add 2 each time
b) 32, 64, 128, multiply by 2 each time
c) 30000, 300000, 3000000, multiply by 10 each time
d) 19, 23, 27, add 4 each time
e) -6, -11, -16, take 5 off each time

Q4 a) $(3 \times 2) + 1 = 7$
$(3 \times 3) + 1 = 10$
$(3 \times 4) + 1 = 13$
$(3 \times 5) + 1 = 16$
b) 3, 8, 13, 18, 23
c) 1, 4, 9, 16, 25
d) -2, 1, 6, 13, 22

Q5 a) 2n
b) 2n – 1
c) 5n
d) 3n + 2

Formulas from Words P.130

Q1 a) $x + 3$
b) $y - 7$
c) $4x$ or $4 \times x$
d) y^2
e) $10/b$ or $10 \div b$
f) $n + 5$

Q2 a) 21
b) 26
c) $16 + x$

Q3 a) £50
b) £150
c) £25y

Q4 a) $n + 3$
b) $n - 4$
c) $n \times 2$ or $2n$

Q5 a) 11
b) $6 + w$
c) $x + w$

Q6 a) 12 cm, 9 cm²
b) 4d cm, d² cm²

Rearranging Formulas P.131

Q1 a) $x = y - 4$
b) $x = (y - 3)/2$
c) $(y + 5)/4 = x$
d) $b = (a - 10)/7$
e) $z = (w - 14)/2$
f) $(s + 3)/4 = t$
g) $x = (y - ½)/3$
h) $x = 3 - y$
i) $x = y/5 - 2$

Q2 a) $x = 10y$
b) $t = 14s$
c) $b = 3a/2$
d) $e = 4d/3$
e) $g = 8f/3$
f) $x = 5y - 5$
g) $x = 2y + 6$
h) $b = 3a + 15$

Q3 a) $(w - 500m) / 50 = c$
b) 132

Q4 a) $p = 2l + 2w$
b) $(p - 2w) / 2 = l$
c) 14.5 cm

Substituting Values into Formulas P.132

Q1 a) 15
b) 1
c) 36
d) 9
e) 18
f) 72

Q2 a) 70
b) 480

Q3 a) 100
b) 25
c) 121

Q4 27.6

Q5 a) 150p
b) 350p
c) 475p

Q6 a) 520p
b) 450p

Q7 a) 100 mins
b) 170 mins

Algebra — Collecting Terms and Expanding P.133

Q1 b) 0
c) $25f - 15$
d) $28x - 1$
e) $15x - y$
f) $35a + 24b$
g) $-6f - 14g$
h) $12a^2 + 16a - 3$

Q2 b) $5x^2 + 3x - 1$
c) $3x^2 - 4x + 18$
d) $6y^2 + 9y - 5$
e) $a^2 - 4a + 4$
f) $-3x^2 - 5x + 7$
g) $3x^2 + 9x$
h) $5y^2 - 2y - 6$

Q3 b) $4x - 12$
c) $8x^2 + 16$
d) $-2x - 10$
e) $-y + 2$
f) $xy + 2x$
g) $x^2 + xy + xz$
h) $10a + 12b$

Algebra — Expanding Double Brackets P.134-P.135

Q1 a) $x^2, 4x, 2x, 8$
b) $y^2, 8y, 5y, 40$
c) $z^2, 10z, 3z, 30$

Q2 a) $x^2 + 6x + 8$
b) $y^2 + 13y + 40$
c) $z^2 + 13z + 30$

Q3 a) $x^2 + 3x + 2$
b) $x^2 + 5x + 6$
c) $x^2 + 9x + 20$
d) $x^2 + 4x - 5$
e) $2x^2 - 4x - 6$
f) $3x^2 - 8x - 3$

Q4 a) $4x^2 + 8x + 4x + 8 = 4x^2 + 12x + 8$
b) $9y^2 + 6y + 3y + 2 = 9y^2 + 9y + 2$
c) $2z^2 + 6z + z + 3 = 2z^2 + 7z + 3$

Q5 a) $4x^2 + 6x + 2$
b) $2x^2 + 5x + 3$
c) $9x^2 + 18x + 8$
d) $3x^2 + 7x + 2$
e) $4x^2 - 6x + 2$
f) $4x^2 - 10x + 6$
g) $9x^2 - 6x + 1$
h) $16x^2 - 20x + 6$
i) $4x^2 + 2x - 2$
j) $2x^2 - x - 6$

Algebra — Taking Out Common Factors P.136

Q1 a) $4(x + 2)$
b) $4(3 - 2x)$
c) $4(1 - 4x)$
d) $4(x^2 + 16)$

Q2 a) $7(3 - x)$
b) $7(4x + 1)$
c) $7(2 + 3x)$
d) $7(5x^2 - 2)$

Q3 a) $x(2 + x)$
b) $x(2 - x)$
c) $x(1 - 16x)$
d) $x(4x - 3)$

Q4 a) $2x(1 + 2x)$
b) $2x(1 - 4x^2)$
c) $2x(1 - 8x)$
d) $2x(2y - 3x)$

SECTION SEVEN — ALGEBRA

Answers: P.137 — P.140

Q5
a) $2(x + 2)$
b) $3(x + 4)$
c) $12(2 + x)$
d) $4(4x + y)$
e) $3(x + 5)$
f) $10(3 + x)$
g) $3x(3x + 1)$
h) $5x(x + 2)$
i) $7x(x + 3)$
j) $y(3 + xy)$

Solving Equations P.137-P.138

Q1
a) 14
b) 18
c) 29
d) 445
e) 4.3
f) 4

Q2
a) 11
b) 25
c) 84
d) 1000
e) 9.3
f) 3

Q3
a) 7
b) 12
c) 43
d) 5
e) 1.5
f) -7

Q4
a) 15
b) 54
c) 88
d) 1379
e) 12.96
f) -21

Q5
a) 4
b) 7
c) 7
d) 27

Q6
a) 18
b) 75
c) 18
d) 714

Q7
a) 4
b) 6
c) 4
d) 6

Q8
a) -5.5
b) -4
c) 5
d) 3

Trial and Improvement P.139

Q1 Try $x = 3.5$, $x^3 = 42.875$ too small
$x = 3.7$, $x^3 = 50.653$ too big
$x = 3.6$, $x^3 = 46.656$ too small
50.653 is nearer to 50 than 46.656, the answer to 1 d.p. = 3.7

Q2
a) Try $x = 8$, $x^2 + x = 72$ too small
$x = 8.5$, $x^2 + x = 80.75$ too big
$x = 8.4$, $x^2 + x = 78.96$ too small
80.75 is nearer to 80 than 78.96 is, so the answer to 1 d.p. is $x = 8.5$
b) Try $x = 5$, $x^3 - x = 120$ too big
$x = 4.5$, $x^3 - x = 86.625$ too small
$x = 4.7$, $x^3 - x = 99.123$ too small
$x = 4.8$, $x^3 - x = 105.792$ too big
99.123 is nearer to 100 than 105.792, so the answer to 1 d.p. is $x = 4.7$

Inequalities P.140

Q1
a) $0 \leq x \leq 4$
b) $-1 \leq x < 3$
c) $9 < x \leq 13$
d) $-3 < x < 1$
e) $-4 \leq x$
f) $x < 5$
g) $0 < x < 2$
h) $-15 \leq x \leq -14$
i) $25 < x$
j) $-1 < x \leq 3$
k) $0 < x < 5$
l) $x < 0$

Q2
a) $x \geq 8$
b) $x > -5$
c) $x > 3$
d) $x \leq 13$
e) $x \geq 10$
f) $x > -1/5$
g) $x \geq 7$
h) $x > 40$
i) $x \leq 3$
j) $x \leq 8$
k) $x < 4$
l) $x \leq 5$
m) $x \leq 6$
n) $x \geq 7½$
o) $x < 4$

Q3 $1130 \leq 32x$, 36 classrooms

SECTION SEVEN — ALGEBRA

CGP

Let's face it, you want *CGP* Revision Books — not other people's dreary stuff.

Everyone else just gives you dreary revision books with only the boring stuff in and no entertainment. Boo. Hiss. We're different — we always try and make sure you're gonna enjoy using our books.

What you *really* need is a ***Free Catalogue*** showing the full range of CGP Revision Books. That way you can be sure you're not missing out on a brilliant book that ***might just save your life***.

At CGP we **work our socks off** to despatch your stuff really quickly.
If you get your order to us before 5.00pm (Mon-Fri) you should get it next day — most of the time, anyway.

(Obviously, if you order on Saturday night on a bank holiday weekend then you won't get it 'til Wednesday morning at the very earliest — no matter how hard we try!)

FIVE ways to get your Free Catalogue really quickly

- Phone: 0870 750 1252   (Mon-Fri, 8.30am to 5.30pm)
- Fax: 0870 750 1292
- E-mail: orders@cgpbooks.co.uk
- Post: CGP, Kirkby-in-Furness, Cumbria, LA17 7WZ
- Website: www.cgpbooks.co.uk

CGP books — available in all the best bookshops

ISBN 978 1 84146 586 9